MÉMOIRE

EN RÉPONSE,

ET CONSULTATION,

POUR les Sieurs GAILLARD & D'ORFEUILLE, Locataires du privilége des Spectacles des Variétés Amufantes & de l'Ambigu Comique, *Défendeurs* ;

CONTRE le Sieur AUDINOT, *ci-devant Directeur du Spectacle de l'Ambigu Comique*, Demandeur.

LE fieur Audinot a une très-haute idée de fes talens & de fon état. Quoiqu'il ne tînt fon Spectacle qu'en vertu d'une permiffion annale du Magiftrat, il regardoit fa place comme inamovible. Il regarde aujourd'hui comme une furprife faite à l'autorité, l'Arrêt en commandement qui a donné à l'Académie Royale de Mufique le privilége de ce Spectacle, avec celui des autres Théâtres forains.

A

L'Académie, autorisée par l'Arrêt à louer ce privilége, ne pouvoit, si on l'en croit, écouter les offres qui lui ont * V. p. 13 du Mém. du sieur Audinot. été faites sans l'en prévenir *. Le Magistrat de Police n'auroit pas dû non plus se permettre de procéder en son *Pag. 14 & 15. absence à l'adjudication du bail de l'Ambigu Comique *. Le Gouvernement lui doit des pensions, comme Fondateur * Page 38. d'un établissement aussi précieux à la Capitale *. La Justice doit sévir contre deux personnages jusqu'alors inconnus, qui ont conçu & exécuté le projet odieux de le dépouiller de * Page 11. son état *. Elle lui doit accorder des indemnités considérables, tant pour ses pieces & sa musique, qu'ils lui prennent, dit-il, que pour ses salles & décorations qu'ils lui laissent. Le Public enfin doit se constituer son défenseur, s'affliger avec lui, puisqu'il n'est plus à portée de l'amuser, & déserter aujourd'hui le Spectacle qu'il fréquentoit avec tant de plaisir, parce que le génie qui l'animoit n'y préside plus.

Tel est l'esprit qui a dicté la réclamation du sieur Audinot, & qui a égaré ses démarches : on va lui faire voir qu'il a été instruit bien à temps de tous les événemens relatifs à cette affaire; qu'il ne peut imputer qu'à lui-même les pertes qu'il a faites; qu'il auroit conservé sa place s'il n'avoit caché le désir ardent qu'il en avoit; s'il n'avoit affecté de l'abandonner avec l'intention secrete de la reconvrer aux meilleures conditions possibles, & au risque de porter le plus grand préjudice à ceux qu'il auroit trompés par sa feinte indifférence; qu'en un mot, il est tombé lui-même dans le piége qu'il avoit préparé pour eux.

Si cette conduite paroît être une énigme, les faits dont on va rendre compte en donneront l'explication.

F A I T.

Le fieur Audinot, comme il le dit lui-même dans fon Mémoire, a porté à l'Opéra Comique les prémices de fes talens ; il paffa enfuite à la Comédie Italienne : fes fuccès, à ce qu'il prétend, *éleverent fon imagination* (page 3) & la rendirent féconde : de là la création des *Comédiens de bois*.

A ces machines, dont il faifoit mouvoir les refforts, il obtint la permiffion de fubftituer des enfans auxquels il donna de l'ame : il joignit à fon Spectacle des Pantomimes, où il parvint, dit-il page 5 , *par la feule magie du gefte & de la mufique, à maîtrifer les Spectateurs au point de les faire rire & pleurer à fon gré. . . . Ses fuccès, devenus plus confidéra- bles, alarmerent les trois grands Spectacles de cette Capitale, qui ne manquerent pas de l'en punir*, (page 6).

Le mot d'*alarme* feroit-il donc ici le mot propre? La jaloufie que produit la rivalité peut-elle être fuppofée entre l'Ambigu Comique & ces trois établiffemens placés fous la protection immédiate du Souverain : l'un qui eft comme le Temple des prodiges ; tour à tour le féjour des Dieux, des Héros, des Bergers ; réuniffant l'illufion de la perfpec- tive, la variété des décorations, aux agrémens de la Poéfie, de la Mufique & de la Danfe ; l'expreffion des fentimens à celle de modulations analogues, foutenues de tous les charmes de l'harmonie ; dont l'objet enfin eft, comme le dit la Bruyere, de tenir tout à la fois dans une efpece d'enchantement l'efprit, les yeux & les oreilles : l'autre, dé- pofitaire des plus grandes richeffes du génie national ; de ces tableaux où la morale, mife en action, préfente des leçons propres à rendre le vice odieux & les vertus aimables ; de ces chef-d'œuvres dramatiques qui nous reftituent les hommes les plus fameux de l'antiquité, avec ces faits éclatans qui ont opéré la fplendeur ou la décadence des Empires : le troifieme, aujourd'hui défigné par une dénomination qui ne lui convient plus, & participant, dans la partie comique feulement, aux avantages des deux premiers.

Cependant, à entendre le fieur Audinot, ce fut pour calmer les alarmes de ces grands Spectacles, qu'il fut affujetti à la gêne de prendre l'attache du Théâtre François & du Théâtre Italien, pour chacune des pieces qu'il jugeoit à propos de faire repréfenter : mais fon bon génie veilloit. tellement pour lui, que la jaloufe malignité de fes Cenfeurs ne lui rayoit, pour dégrader les ouvrages qu'il leur foumettoit, que ce qu'il falloit précifément retrancher pour en opérer la perfection *.

Après avoir ainfi triomphé, fuivant lui, de cette malignité, il parvint à fe concilier les bonnes graces de l'Opéra.

Dans la hyérarchie de la Mufique & de la Danfe, l'Opéra, comme on fait, tient le premier rang ; tous les autres établiffemens en ce genre, dans toute l'étendue du Royaume, font à fon égard des efpèces de vaffaux ou tributaires : l'Académie Royale de Mufique auroit donc pu empêcher le fieur Audinot de faire exécuter fur fon Théâtre des Pantomimes & des Ballets avec des fymphonies analogues, s'il ne lui avoit offert un tribut pour acquérir fon approbation.

Il nous apprend en conféquence dans fon Mémoire, qu'il fut fait un traité entre l'Opéra & lui, par lequel il s'obligea à lui payer la fomme de 12 liv. par chaque repréfentation de jour, & 6 liv. par chaque repréfentation de nuit, fous la condition que l'Opéra le laifferoit jouir de fon Spectacle dans l'état où il étoit alors.

Cependant, malgré ce traité, fa jouiffance n'étoit que précaire; elle n'avoit lieu qu'en vertu d'une permiffion du Magiftrat, qui fe renouveloit tous les ans, ainfi qu'il en convient lui-même dans fon Mémoire. C'étoit au fieur Audinot de favoir, dans cet état d'incertitude, jufqu'à quel point il pouvoit porter la confiance & les dépenfes qu'il devoit faire relativement à fon Spectacle. La Fortune au furplus l'a avantageufement fervi pendant long-temps, & fes dépenfes en falles, & décorations ont exceffivement multiplié fes bénéfices.

Mais cette longue faveur de la Fortune lui avoit fait oublier fon inconftance; un événement inattendu la lui a rappelée; & voici quelles circonftances l'ont amené.

L'Académie Royale de Mufique eft un établiffement qui, dans fa pompe, ne peut fe foutenir qu'à très-grands frais; fon produit, quelque confidérable qu'il ait été depuis l'heureufe alliance de la Mufique Italienne avec la nôtre, depuis fur-tout que la Scène Lyrique s'eft enrichie des productions des Gluk, Sachini, Piccini, Gretri, &c. n'a jamais fuffi pour balancer la totalité de fes dépenfes; de là un excédant de charge pour le Gouvernement, protecteur de cet établiffement.

C'eft pour augmenter le produit & diminuer la charge, que l'Arrêt du Confeil du 11 Juil. 1784 a attribué à l'Opéra le privilége des Spectacles forains, & lui a permis de les concéder à qui bon lui fembleroit, à tel prix, claufes & conditions

qui feroient convenues (1). L'Opéra n'étoit pas le maître
de ne point ufer de cette faculté; l'Arrêt qui la lui donnoit,
lui foifoit un devoir s'en fervir.

Par cet Arrêt, les permiffions annales accordées aux
Directeurs des trois Spectacles forains; les Variétés, l'Ambigu Comique, les Grands Danfeurs, étoient abolies, &
les Directeurs de ces Spectacles ne pouvoient conferver
leurs places, qu'autant qu'ils feroient à l'Opéra les offres
d'un tribut annuel qui puffent être agréées par lui; car la
préférence eft due au poffeffeur, toutes chofes égales
d'ailleurs.

Mais dans ces fortes de cas, pour tirer meilleur parti de
la chofe, on annonce qu'on receyra des foumiffions, &
qu'on adjugera à celui ou ceux qui offriront davantage. Ce
fut la route que fuivit l'Académie Royale de Mufique. Ces
foumiffions furent ouvertes chez Me Margantin, Notaire.

Tel étoit l'état des chofes, lorfque les fieurs Gaillard &
d'Orfeuille furent inftruits par la voie publique, & de
l'Arrêt du Confeil, & de l'exécution qu'on lui donnoit.
L'un & l'autre avoient fuivi pendant quelques temps la
carriere du Théâtre; ils avoient alors la direction de
celui de Bordeaux, & étoient parvenus à y réunir les
agrémens variés que préfentent les trois grans Spectacles de
cette Capitale. Ils avoient par conféquent une capacité
plus que fuffifante pour régir avec fuccès une entreprife telle
que celle qui étoit annoncée.

Ils allerent chez Me Margantin; ils y trouverent des
foumiffions déjà faites, & qui les déterminerent à offrir

_____

(1) Ce motif eft écrit dans l'Arrêt même.

un prix plus confidérable que celui qu'ils auroient défiré mettre à la chofe. On leur dit que l'Académie Royale de Mufique adjugeroit de préférence à une Compagnie qui prendroit à la fois le privilége des trois Spectacles, parce qu'il lui feroit plus commode de n'avoir affaire qu'aux mêmes perfonnes. En conféquence, ils firent au mois d'Août dernier leur foumiffion, à raifon de 30,000 livres pour chacun des trois Spectacles.

Le fieur Audinot en fit une quelque temps après, uniquement pour n'avoir pas l'air d'abandonner abfolument la partie ; auffi n'offroit-il aucune fomme déterminée. Il s'engagea feulement à payer par chaque année à l'Académie Royale de Mufique le dixieme du produit réel de fa recette, le quart des pauvres prélevé.

Le fieur Nicolet (1) eut le bon fens de voir que s'il vou- (1) Directeur du loit conferver fon Spectacle, il falloit qu'il offrît une fomme Téatre des à peu près égale aux 30000 liv. offertes par les fieurs Gaillard & d'Orfeuille ; il porta donc fa foumiffion juf- qu'à 24000 liv.

Les fieurs Gaillard & d'Orfeuille auroient pu fans doute infifter pour avoir la préférence, ou demander une diminution proportionnelle fur les offres qu'ils avoient faites relativement aux deux autres Spectacles, les Variétés & l'Ambigu Comique ; mais leur vœu fe réunit à celui de l'Académie Royale de Mufique, pour conferver au fieur Nicolet l'exercice de fon état.

Ils fe feroient comportés de la même manière vis-à-vis du fieur Audinot, fi, au lieu d'employer dans cette affaire les manieres franches du fieur Nicolet, il n'avoit fait ufage de

ces fineſſes d'autant plus dangèreuſes, que ſouvent leur auteur en eſt le premier dupe, & qu'il perd alors le droit
d'être plaint (1).

Nous allons pénétrer ici dans les profondeurs de ſa politique ſecrète; & le ſieur Audinot ſera étonné de voir
que nous la connoiſſions ſi bien. Voici donc ce qu'il ſe
dit à lui-même : *Si je témoigne l'envie de conſerver mon
Spectacle, on attendra de moi que je faſſe une offre égale à
celle des ſieurs Gaillard & d'Orfeuille; & je ne dois point
faire cette offre, ſi je puis le conſerver à des conditions infiniment plus avantageuſes : or la choſe eſt indubitable. Laiſſons
les ſieurs Gaillard & d'Orfeuille ſe rendre adjudicataires du
privilége de l'Ambigu Comique, moyennant une rétribution
annuelle de 30000 liv. au profit de l'Opéra; pour pouvoir
tirer parti de ce privilége, ils auront beſoin de mes trois
Salles, de mes habits & décorations; alors je les porterai à
un prix que leur ſageſſe ou leurs facultés ne leur permettront pas
d'y mettre; ils ne pourront par conſéquent jouir du bénéfice
de leur conceſſion; n'en jouiſſant pas, ils ſeront dans l'im-
poſſibilité de payer la rétribution de 30000 liv.; l'Opéra,
qui ne voudra pas tout perdre, m'engagera à continuer mon
Spectacle; je porterai l'adreſſe juſqu'à m'en faire prier; &*

_____

(1) Le ſieur Audinot qui, dans ſon Mémoire, ſe plaint de tout
le monde, même du ſieur Nicolet, ſe compare, page 29, relativement à lui, au Lion mourant de la Fable, qui reçoit un coup de
pied de l'Ane. Le ſieur Nicolet ne pourroit-il pas le comparer avec
plus de raiſon au Renard qui a perdu ſa queue dans un piége; & l'ap-
plication ſeroit d'autant plus méritée, qu'ici le piége, comme on le va
voir, auroit été tendu par le Renard lui-même.

j'obtiendrai

j'obtiendrai aifément alors la conceſſion du privilege à des conditions très-avantageuſes pour moi.

Etoit-ce bien là le plan concerté par le ſieur Audinot ?
On en va juger d'après ſa conduite.

D'abord, Me Margantin, Notaire, qui recevoit les ſou-
miſſions, lui avoit écrit de paſſer chez lui, relativement
à cette affaire ; il ne jugea pas à propos d'y paroître lui-
même, pour éviter toutes les occaſions de s'engager ; il
ſe contenta d'y envoyer le ſieur Pariſeau, Répétiteur de ſon
Spectacle : ce fait eſt prouvé par un billet que ce dernier a
reçu du ſieur Audinot, & dont voici les termes.

« Je vous prie, mon cher confrere, de paſſer chez
» M. Margantin, pour ſavoir ce qu'il a d'intéreſſant à me
» dire. Vous lui ferez mes excuſes, & lui direz *que j'ai*
» *mal à la mâchoire* ; du reſte, dites & faites pour le
» mieux ».

Le ſieur Pariſeau ſe rend chez Me Margantin qui lui
fait part de l'état des choſes ; il eſt inſtruit que le 16 Septembre il ſera procédé à l'adjudication du privilége de l'Ambigu Comique & des Variétés Amuſantes, pour quinze
années. Le ſieur Audinot ne peut par conſéquent l'ignorer.
Loin que ce ſoit une raiſon pour lui de ſe préſenter, il
s'éloigne au contraire, & ſe tranſporte à quatre lieues, le
14 Septembre, avant-veille de l'adjudication.

M. le Lieutenant Général de Police, des procédés duquel
il a oſé ſe plaindre, a la bonté le lendemain 15 de lui
faire adreſſer un billet ainſi conçu : *M. le Lieutenant Gé-*
néral de Police déſire parler à Meſſieurs Audinot & Pariſeau
demain Jeudi, dix heures du matin, ce 15 Septembre 1784.

Le ſieur Pariſeau aſſure, page 7 de ſon Mémoire, qu'à

B

'inſtant où il reçut le billet, il dépêcha un exprès au ſieur Audinot, pour le lui porter à la campagne, & pour l'engager à ſe rendre chez le Magiſtrat. Dans un nouveau libelle que le ſieur Audinot a publié ſous le nom de ſon Souffleur, il eſt avoué, pag. 26, que le ſieur Audinot reçut ce billet à la campagne le 16 Septembre, entre ſix & ſept heures du matin; il auroit pu par conſéquent ſe rendre encore chez M. le Lieutenant Général de Police, pour l'adjudication; mais, par la raiſon ci-deſſus expliquée, il entroit dans ſa politique de n'y pas paroître: le ſieur Pariſeau l'y attendit inutilement, & à une heure l'adjudication ſut faite au profit des ſieurs Gaillard & d'Orfeuille.

Deux jours après il leur ſut paſſé bail par l'Académie Royale de Muſique, devant Mᵉˢ Margantin, du privilége de l'Ambigu Comique & des Variétés, pour commencer au premier Janvier ſuivant, à raiſon de 3 0 0 0 0 livres par an pour chacun de ces deux Spectacles, indépendamment d'une penſion de 4 0 0 0 au profit du ſieur Lécluſe.

Le Spectacle des Variétés étoit obéré; ſes Créanciers s'étoient unis, & étoient devenus, par l'abandon qui leur avoit été fait, propriétaires des Salles & décorations qui en dépendoient. Le beſoin qu'avoient les ſieurs Gaillard & d'Orfeuille de ces objets, les mit dans la néceſſité d'en traiter avec la maſſe des Créanciers. Pour finir des difficultés ſans ceſſe renaiſſantes, ils firent des ſacrifices, & acquirent les droits de ces Créanciers moyennant 140,000 l. en deniers comptans pour une partie, & dans leurs engagemens pour le ſurplus.

Ils eſpéroient trouver plus de facilité vis-à-vis du ſieur Audinot pour l'acquiſition des Salles & décorations relatives

à l'Ambigu Comique, parce qu'ils ignoroient alors les motifs
secrets de sa conduite, & qu'ils croyoient sincere l'espece
d'insouciance qu'il avoit fait paroître.

En Octobre 1784, ils allerent lui faire visite, & lui
témoignerent le désir où ils étoient de faire cette acqui-
sition : c'étoit le moment où le sieur Audinot les attendoit.

Ce dernier concerte son jeu au moment où ils se pré-
sentent à lui.

Il les reçoit avec une politesse froide & tranquille ; nulle
apparence de regret d'avoir perdu son Spectacle, nul désir
de se défaire de ce qui servoit à son usage, mais en même
temps nul refus formel ; il n'étoit point encore décidé sur
ce qu'il céderoit ni sur ce qu'il garderoit ; cependant il
voulut bien laisser appercevoir quelques nuances différentes
dans ses affections : les Salles qu'il avoit aux deux Foires
étoient celles dont il se déferoit de préférence, parce que
le temps des foires étoit éloigné, & que les sieurs Gaillard
& d'Orfeuille n'en avoient pas un besoin pressant ; la Salle
du Boulevart au contraire étoit précisément celle qu'il
désiroit de conserver, parce que les sieurs Gaillard &
d'Orfeuille en avoient besoin pour le premier Janvier sui-
vant, époque à laquelle commençoit leur jouissance. Il igno-
roit encore, disoit-il, s'il ne détruiroit pas cette Salle, pour
disposer du terrain d'une autre maniere ; mais s'il se déterminoit
à la leur louer, ce ne pouvoit être à moins de 12000 liv.
par an ; quant à ses décorations, ses habits & ses pantomimes, il affecta d'y attacher un prix si considérable, qu'il
doutoit que les sieurs Gaillard & d'Orfeuille voulussent les
avoir à ce prix.

Les sieurs Gaillard & d'Orfeuille, dans leur état, doivent

sans doute savoir distinguer ce qui appartient au talent de la Comédie d'avec ce qui n'est que l'expression naïve de la vérité ; ils sentirent que le sieur Audinot vouloit éviter de conclure avec eux, pour les mettre, à défaut de Salles, d'habits & décorations, dans l'impossibilité de tenir l'Ambigu Comique à commencer au premier Janvier, comme ils y étoient obligés : mais un événement sur lequel ils n'avoient pas dû compter, les servit au delà de leur attente.

Les vastes bâtimens qui entourent les jardins du Palais Royal étoient finis ; dans cette enceinte commençoit à se réunir tout ce qui peut concourir aux agrémens d'une nation éclairée, sensible & légere : Musée pour les Gens de lettres ; Cabinet de Physique pour les Naturalistes ; Salles d'assemblée pour les Politiques ; rendez-vous agréables pour les gens frivoles ; productions des Arts pour les Amateurs ; recherches de la coqueterie, fantaisies de la mode, ornemens de luxe. Mais il manquoit au Palais Royal un Théatre où le spectateur pût voir dans l'Acteur un homme semblable à lui, propre à l'amuser & à l'instruire (1). Le Spectacle des Variétés fut appelé dans cette enceinte ; & s'il est permis de dire que ce séjour a quelque chose du charme qui appartient à la Féerie, nous pouvons ajouter qu'une Salle de Comédie, agréable & commode, s'y trouva tout à coup établie comme par un coup de baguette.

Le sieur Audinot reçoit la nouvelle de cet établissement, & n'y croit pas. Il voit la Salle s'élever, & s'indigne ; il

_____

(1) Il n'y avoit alors que des Comédiens de bois.

arrache avec dépit ce masque d'indifférence qui lui avoit été funeste. Sa politique en effet étoit confondue ; les sieurs Gaillard & d'Orfeuille n'avoient plus besoin de ses Salles pour tenir le Spectacle de l'Ambigu Comique ; car ayant une Salle à demeure au Palais Royal pour les Variétés Amusantes, sans être obligés, pour raison de ce Spectacle, de faire le service des Foires, ils se trouvoient avoir pour l'Ambigu Comique les Salles des deux Foires & celle du Boulevart, qui étoient ci-devant occupées par les Variétés Amusantes.

Que va faire le sieur Audinot ? il court chez ses protecteurs, chez ses amis, leur montre tout le regret qu'il a de se voir privé de son Spectacle, les engage à entamer pour lui une négociation propre à lui conserver son état.

Cette négociation fut effectivement entamée ; les sieurs Gaillard & d'Orfeuille se comportèrent de manière à donner des marques de leur déférence aux personnes qui s'en mêloient ; & voici quelles furent les conditions par eux proposées.

Le spectacle des Variétés étant fixé au Palais Royal, & tiré par-là de la classe des Théâtres forains, les Salles que ce Spectacle avoit au Boulevart & aux deux Foires, ne pouvoient leur servir que pour l'Ambigu Comique, & leur devenoient inutiles, s'il ne le conservoient point. Ils consentirent donc de céder au sieur Audinot l'Ambigu Comique, à la charge par lui de prendre ces Salles pour son compte, de remplir tous les engagemens dont ils étoient tenus à cet égard, de les rendre indemnes relativement à la redevance de 30000 liv. qu'ils s'étoient obligés de payer à l'Opéra pour l'Ambigu Comique, & de leur payer 6000 liv. par an pendant tout le cours de leur bail.

Les deux premieres conditions étoient de toute justice ; la derniere étoit d'autant plus raisonnable, que l'affaire des Variétés étoit devenue très-onéreuse pour les sieurs Gaillard & d'Orfeuille, par les sacrifices qu'ils avoient faits vis-à-vis de la masse des Créanciers de ce Spectacle, dans l'espérance qu'ils seroient en partie dédommagés par les bénéfices de l'Ambigu Comique.

Mais le sieur Audinot se refusa à cette proposition, quoiqu'elle fût trouvée raisonnable par ses négociateurs.

Les sieurs Gaillard & d'Orfeuille en firent une seconde qui ne l'étoit pas moins. Le sieur Audinot ne conservant point son Spectacle, n'avoit aucun besoin des habits & décorations qui en dépendoient ; ils offrirent d'acquérir ces habits & décorations, moyennant une somme de 2400 l. qu'ils lui payeroient par chacune de leurs 15 années de jouissance ; ils s'en rapporterent au surplus à M. le Lieutenant général de Police, sur le prix ; ce Magistrat pensa qu'ils pouvoient porter leurs offres jusqu'à 3000 l. par an, ce qui faisoit pour les 15 années, la somme de 45000 liv. & ils y souscrivirent : mais le sieur Audinot se refusa encore à ce marché, quoique par un Mémoire signé de lui & remis au Magistrat, il s'en fût pareillement rapporté à son arbitrage. Ce Mémoire est entre les mains des sieurs Gaillard & d'Orfeuille.

On étoit alors au mois de Décembre 1784, & c'étoit le premier Janvier 1785 que les sieurs Gaillard & d'Orfeuille devoient entrer en exercice, aux termes de leur bail ; il falloit s'assurer des Acteurs, dresser le répertoire des pieces ; l'article trois de ce bail les aftreignoit à exécuter les marchés faits par le fieur Audinot , jufqu'à la clôture annuelle & prochaine ; avec les différens fujets employés à fon Spectacle.

Mais ils eurent la délicateffe de ne vouloir que des coopérateurs bénévoles. Pour prendre des mesures défi- nitives fur ce point, il y eut une affemblée tenue chez le Commiffaire Vanglenne , où fe trouverent tous les Acteurs employés au Théâtre du fieur Audinot : là, les fieurs Gaillard & d'Orfeuille leur annoncerent qu'ils dé- firoient les conferver aux mêmes conditions ; mais que fi quelques-uns d'eux y trouvoient de la répugnance, ils étoient libres de fe retirer. Tous répondirent qu'ils con- fentoient d'achever, fous les fieurs Gaillard & d'Orfeuille, le temps de leur engagement.

Mais ils ne fe prêterent pas moins de très-bonne grace à une complaifance que le fieur Audinot avoit exigée d'eux.

Le fieur Audinot, accoutumé à des bénéfices trop con- fidérables, pour avoir voulu conferver fa place à des conditions telles que celles qui lui avoient été propo- fées, penfa qu'il devoit terminer fa carriere théâtrale, en formant en fa faveur une ligue qui forçât fes fuc- ceffeurs à fe repentir d'avoir ofé prendre fa place : tel fut l'objet d'une Piece qu'il fit compofer par fon Souf- fleur, & qu'il annonça fous le titre de fes *Adieux au Public.*

On fe doute bien qu'il difpofa les chofes de maniere à y jouer un rôle intéreffant, & que tous fes Acteurs qui devoient concourir au fuccès, n'étoient pas fur fon Théâtre ;

auſſi s'éleva-t'il à la fin de la Piece quelques voix, partant des extrémités de la Salle, & qui furent comme l'écho des accens de ſenſibilité produits ſur la Scene. Le ſoh de l'écho fut répété dans divers lieux de la Salle, comme par des vibrations rapides ſur des corps ſonores. Le Public parut à l'inſtant électriſé par un choc d'une impulſion commune. Une acclamation générale ſe fit entendre ; le créateur du Spectacle fut demandé ; il étoit dans la couliſſe, les cheveux épars : il ſe montre avec l'extérieur parfaitement deſſiné d'une vive reconnoiſſance & d'une douleur profonde ; les jeunes Actrices ſe jettent dans ſes bras ; on croit voir les Graces gémiſſantes ſur les ruines du Temple du Goût ; & l'auditoire n'offre plus que gens qui pleurent & gens qui murmurent. C'eſt ainſi que le Public, ſans le ſavoir, ſe trouva faire le premier rôle dans cette fameuſe Comédie.

Il faut en convenir, elle fut préparée & exécutée de maniere à faire une ſenſation auſſi agréable pour le ſieur Audinot, que défavorable à ceux qu'il appeloit les uſurpateurs de ſa place & de ſon bien. Un préjugé fâcheux s'établit contre ces derniers ; les repréſentations de l'Ambigu Comique ayant été transférées dès le premier Janvier à la Salle que les Variétés occupoient précédemment ſur le Boulevart ; les mêmes Pieces s'y repréſentoient, elles y étoient jouées par les mêmes Acteurs ; mais elles parurent, dans les premiers inſtans ſur-tout, avoir perdu leur mérite ; & quelques enthouſiaſtes dirent tout haut, que porter leur argent aux nouveaux Directeurs, c'étoit ſe rendre complices de leur ſpoliation.

Le ſieur Audinot, dans la crainte que les eſprits ne ſe refroidiſſent, crut qu'il falloit entretenir leur chaleur par

par un Mémoire distribué avec la plus grande profusion, dans lequel, en altérant les faits, il présente les sieurs Gaillard & d'Orfeuille comme des intrigans qui sont venus dans cette Capitale pour s'emparer de ses dépouilles. Il réclame dans ce Mémoire des indemnités considérables contre eux (1).

Les sieurs Gaillard & d'Orfeuille se flattent que ces injures ne pourront faire tort qu'à leur auteur, d'après les faits mieux connus, & dont ils viennent de présenter un exposé fidele.

Mais il ne suffit pas aux sieurs Gaillard & d'Orfeuille d'instruire le Public, il est plus important encore que leurs Juges le soient de l'injustice des condamnations réclamées contre eux.

Nous allons donc examiner ici les différens chefs de cette réclamation.

PREMIER CHEF.

Le sieur Audinot conclut en 80,000 liv. d'indemnité contre les sieurs Gaillard & d'Orfeuille, pour l'éviction qu'il a soufferte.

A-t-il donc, relativement à cette éviction, la plus legere action contre eux ? Ce n'est que par un tour de force, s'il est permis de parler ainsi, qu'il peut parvenir à la motiver.

_____

(1) Il vient d'en faire paroître un nouveau sous le nom de son Souffleur, dans lequel la méchanceté se montre tellement à découvert, qu'elle ne séduira personne, & qu'elle dispense par cela même les sieurs Gaillard & d'Orfeuille de toute réponse.

C

L'Opéra, dit-il, *page 33*, avoit aliéné à mon profit le privilége de l'Ambigu Comique, moyennant un prix ; il eſt expreſſément dit dans le traité que j'ai fait avec lui, que déſormais je ne pourrai être dépoſſédé ; l'Opéra eſt donc garant de l'éviction que j'ai ſoufferte ; il l'a tellement ſenti, que par le bail qu'il a fait aux ſieurs Gaillard & d'Orfeuille, il les a expreſſément chargés de l'acquit de cette indemnité dont il eſt tenu envers moi.

C'eſt bien aſſez de quatre fauſſetés dans auſſi peu de paroles.

1°. L'Opéra n'avoit point cédé au ſieur Audinot le privilége de l'Ambigu Comique, & n'avoit pas même pu le céder à l'époque du traité fait avec le ſieur Audinot, parce qu'on ne peut céder ce qu'on n'a pas. Mais l'Académie Royale de Muſique étoit en poſſeſſion d'empêcher les Théâtres forains de réunir à leur Spectacle la Danſe & la Muſique : & c'eſt dans la crainte par le ſieur Audinot d'être inquiété à cet égard, qu'il s'eſt ſoumis à lui payer la petite rétribution énoncée dans le traité qu'il a fait avec l'Opéra le premier Mai 1780, & qu'il rapporte tout entier dans ſon Mémoire.

2°. Il n'eſt point dit dans ce traité que le ſieur Audinot *ne pourra déformais être dépoſſédé de ſon Spectacle* ; & l'Académie Royale de Muſique ne pouvoit pas même faire la plus legere promeſſe à cet égard ; car la conſervation ou l'anéantiſſement de l'Ambigu Comique ne dépendoit nullement d'elle : ce Spectacle ne ſubſiſtoit que d'une maniere précaire, comme les autres Spectacles forains ; ils n'avoient lieu dans le principe, qu'en temps de

foire. Le Gouvernement ayant vu que le goût de la
Comédie fe propageoit dans les différentes claffes des
Habitans de cette Capitale, a penfé qu'il étoit d'une
fage politique d'amufer l'oifiveté pour en prévenir les
défordres : en conféquence il a provifoirement autorifé
leur continuation dans les intervalles des foires ; mais il
ne les a autorifés qu'en vertu d'une permiffion annale
donnée par le Magiftrat de la Police ; permiffion renouvelée tous les ans jufqu'à ces derniers temps, & qui
pouvoit ne le point être.

3°. Il eft également faux que l'Opéra ait fenti la préten-
due néceffité où il étoit d'indemnifer le fieur Audinot de
fon éviction ; car cette éviction n'eft nullement du fait de
l'Académie Royale de Mufique : elle n'étoit pas maîtreffe
en effet de laiffer fubfifter les chofes fur l'ancien pied. Le
Gouvernement, pour la mettre à portée de balancer fa recette avec fa dépenfe, lui a attribué le privilége des Spectacles forains, comme devant lui procurer un furcroît d'é-
molument ; elle feroit contrevenue aux volontés du Souverain en négligeant cette reffource. L'éviction du fieur
Audinot devenoit donc forcée, à moins qu'il ne fe mît dans
le cas de la préférence par des offres égales à celles de fes
concurrens.

4°. Il n'eft pas vrai que l'Académie Royale de Mufique,
par le bail qu'elle a fait aux fieurs Gaillard & d'Orfeuille,
ait chargé ceux-ci de l'indemnité que le fieur Audinot prétend lui être due : ce bail eft rapporté par lui, pages 16 &
17 de fon Mémoire. Pour connoître l'abus qu'il fait des
termes, il eft deux claufes qu'il faut rappeler ici.

Ils (les fieurs Gaillard & d'Orfeuille) *payeront aux anciens*

Directeurs desdits Spectacles les indemnités ou pensions qu'ils ont droit de prétendre légitimement.

Ils maintiendront & exécuteront tous les marchés faits par les Entrepreneurs actuels de l'Ambigu-Comique & des Variétés Amusantes ; avec les différen Sujets employés à ces Spectacles jusqu'à la clôture annuelle & prochaine desdits Théâtres.

Le fieur Audinot s'occupe de la première claufe , & ne fait aucune attention à la feconde. Je fuis, dit-il, ancien Directeur d'un des Spectacles dont il eft fait mention dans le bail ; les fieurs Gaillard & d'Orfeuille font chargés de payer aux anciens Directeurs les indemnités qu'ils ont droit de prétendre : donc ils font tenus de m'indemnifer.

Voici nos réponfes.

Vous êtes actuellement, fieur Audinot, ancien Directeur, puifque vous n'êtes plus en place depuis le premier Janvier dernier ; mais vous n'étiez pas ancien Directeur lors de ce bail du 16 Septembre 1784, puifqu'au contraire vous étiez alors en plein exercice : ce n'eft donc pas de vous , non plus que de ceux qui dirigeoient alors les Variétés Amufantes , que le bail a entendu parler ici.

La feconde claufe, que vous fupprimez, leveroit l'équivoque, s'il étoit poffible qu'il en exiftât ; car les conceffionnaires y font expreffément chargés d'exécuter les marchés faits par les Entrepreneurs actuels : le bail diftingue donc bien précifément les anciens Directeurs des Entrepreneurs actuels ; il ne charge pas les fieurs Gaillard & d'Orfeuille de payer aux Entrepreneurs actuels des indemnités : or , vous étiez Entrepreneur actuel lors du bail.

Il eft bon que l'on fache néanmoins ce qui a donné lieu

à la premiere claufe. Le fieur Léclufe , ancien Acteur de l'Opéra-Comique , eft celui qui avoit établi le Spectacle des Variétés Amufantes ; établiffement qui lui fut beaucoup plus onéreux que profitable. Lorfque ce Spectacle paffa de fes mains en celles du fieur Malther , il impofa à ce dernier la charge de lui faire une penfion de 4000 livres , bienfait que l'honnêteté follicitoit en faveur de fa vieilleffe , & dont il partage le bénéfice avec fes créanciers. C'eft cette penfion qui a donné l'idée de la claufe , & dont le Rédacteur n'a pas cru devoir déterminer précifément l'objet dans la perfonne du fieur Léclufe , penfant apparemment que quelques autres Directeurs anciens pouvoient avoir part à un avantage de cette nature.

Une pareille penfion ou indemnité formoit , à l'égard du fieur Léclufe , une créance légitime , fondée fur un titre exprès , & acquife fur le produit de la chofe. Voilà la raifon pour laquelle l'Opéra en a chargé les fieurs Gaillard & d'Orfeüille. Mais il n'exifte point de créance de cette efpece au profit du fieur Audinot ; il n'avoit point cédé fon Spectacle fous la condition d'une penfion ; il auroit même été le maître de le conferver , en offrant à l'Opéra une fomme à peu près égale à celle offerte par les fieurs Gaillard & d'Orfeuille. Enfin , il feroit abfurde de penfer que l'Académie Royale de Mufique fe fût regardée comme débitrice de quelque indemnité envers le fieur Audinot , en acquérant le privilége de fon Spectacle , foit parce que l'Arrêt qui le lui attribuoit, ne lui impofoit point de charge pareille ; foit parce que cet Arrêt étoit de l'exprès commandement du Roi , & que l'Académie Royale de Mufique étoit obligée de s'y conformer ; foit enfin parce que nul ne peut être garant des faits du Prince.

Mais si l'Académie Royale de Musique n'étoit tenue d'aucune indemnité envers le sieur Audinot, elle n'a pu vouloir que les sieurs Gaillard & d'Orfeuille l'acquitassent d'une obligation qui n'existoit pas.

Au surplus, quand le sieur Audinot auroit fait des dépenses considérables pour son Spectacle, quoiqu'il n'eût qu'une jouissance précaire, cette jouissance a été assez longue pour l'en dédommager au centuple : on sait qu'il a fait d'abondantes récoltes ; s'il n'a rien emmagasiné, qu'il ne s'en prenne qu'à lui-même.

Mais, dit le sieur Audinot, page 3 8, les pensions sont dues pour récompenser les travaux pénibles du Fondateur d'un Spectacle utile au Gouvernement sous un double aspect, & par les plaisirs honnêtes & nécessaires qu'il procure au Public, & par les soulagemens qu'il verse avec abondance dans le sein de l'humanité malheureuse ; le Gouvernement réaliseroit lui-même ces récompenses méritées, si l'Académie Royale de Musique, qui a le privilége de ce Spectacle, ne devoit au moins acquitter les charges qui en dépendent.

D'après cet exposé fastueux de services rendus à l'Etat, comment le sieur Audinot ne s'est-il pas adressé directement au Ministere, pour se faire placer sur la liste glorieuse des hommes célebres qui ont bien mérité de leur Patrie, & qui se sont acquis ainsi des droits sur le trésor public. Le sieur Audinot ne se met-il pas trop au-dessous de lui, quand il s'adresse aux sieurs Gaillard & d'Orfeuille, pour l'objet d'une aussi noble ambition ; & la récompense ne perdroit-elle pas trop de son prix, s'il la tenoit de leurs mains ?

SECOND CHEF.

Le fieur Audinot réclame contre les fieurs Gaillard & d'Orfeuille une indemnité, à dire d'Experts, pour le prix des Salles qu'il a été obligé de faire conftruire, tant au boulevart du Temple qu'aux Foires Saint-Germain & Saint-Laurent, ainfi que pour celui des habits, décorations, & de tous les uftenfiles propres au fervice de ces Salles.

Cette demande fuppofe que les fieurs Gaillard & d'Orfeuille étoient obligés de prendre les Salles du fieur Audinot, avec les habits & décorations qui en dépendent. Or cette obligation n'eft écrite nulle part. Difons mieux; le contraire eft écrit dans le bail qui leur a été paffé. Deux claufes de ce bail font décifives fur ce point; l'une a été déjà rapportée ci-deffus; il faut encore en rappeler ici les termes.

« Ils (les fieurs Gaillard & d'Orfeuille) s'arrangeront,
» *fi faire fe peut & fi bon leur femble,* avec les proprié-
» taires & créanciers des *Variétés Amufantes,* *& avec le*
» *fieur Audinot & autres propriétaires du Spectacle de l'Am-*
» *bigu Comique,* & traiteront avec eux, tant des Salles
» que de tout ce qui fert à l'exploitation defdits Specta-
» cles, en quoi qu'il puiffe confifter ».

Cette claufe ne préfente qu'une fimple faculté, *fi faire fe peut, fi bon leur femble;* & par conféquent les fieurs Gaillard & d'Orfeuille n'étoient nullement tenus de prendre les Salles du fieur Audinot, ni les habits & décorations.

Il eft curieux cependant de voir le fieur Audinot infifter fur ce point. Les expreffions propres doivent perdre

leur valeur, quand elles font contraires à fes intérêts ; le
fi bon femble, dans la circonftance, prend, fi on l'en croit,
le caractere de l'obligation ; car, dit-il, les fieurs Gaillard
& d'Orfeuille n'avoient nullemeut befoin de la permiffion
de l'Opéra pour s'arranger avec moi ; l'Opéra n'a donc
pas pu avoir pour objet de permettre cet arrangement,
mais d'y contraindre les fieurs Gaillard & d'Orfeuille.

Le fieur Audinot trouvera dans le furplus de la claufe
la réponfe à cette puérile fubtilité. L'Académie Royale
de Mufique a eu deux objets ; le premier, d'empêcher
que le fervice du Public ne fût interrompu, fous prétexte
que les fieurs Gaillard & d'Orfeuille n'auroient pu fe procurer de Salles ; le fecond, d'empêcher que ceux-ci ne fe
cruffent en droit de réfufer le payement de leur abonne-
ment, à partir du premier Janvier, fous prétexte qu'ils n'auroient pu fe procurer la jouiffance à compter de cette époque ; en conféquence, l'Opéra leur indique le moyen na-
turel de traiter avec leurs prédéceffeurs pour les Salles,
décorations, & habits ; mais fans les y affujettir ; *de maniere*,
eft-il ajouté ; *que l'on ne puiffe rien imputer à ladite Académie ; s'il y avoit ceffation de Spectacles, s'obligeant lefdits
fieurs Gaillard & d'Orfeuille de la garantir de tout événement
à ce fujet.* Or le fervice n'a point manqué ; il n'y a point
eu de ceffation de Spectacle, les fieurs Gaillard & d'Orfeuille n'ont pas eu befoin des Salles du fieur Audinot ;
l'objet de la claufe a par conféquent été rempli.

Mais une autre claufe du même bail ajoute encore à la
précédente, pour faire voir que les fieurs Gaillard & d'Orfeuille pouvoient traiter comme ne traiter pas des Salles du
fieur Audinot. En voici les termes.

« Pour

« Pour par les fieurs Gaillard & d'Orfeuille jouir dudit
» privilége exclufif pour les deux Spectacles, les régir &
» les gouverner, *foit dans leurs emplacemens actuels, s'ils*
» *en traitent avec les propriétaires ; foit en tout autre endroit*
» *qu'ils fe procureront*, avec l'agrément de M. le Lieute-
» nant Général de Police ».

Le fieur Audinot aura bien du talent s'il parvient à per-
fuader que cette claufe impofe aux fieurs Gaillard & d'Orfeuille l'obligation de traiter avec lui de fes Salles, tandis
qu'au contraire elle leur donne la faculté d'établir l'Ambigu
Comique dans tous autres endroits que ceux où fes Salles
font fituées : il invoque fans ceffe le bail comme formant
fon feul titre, & il eft malheureux que ce foit toujours ce
même bail qui le condamne.

Quant aux habits & décorations appartenant au fieur
Audinot, les fieurs Gaillard & d'Orfeuille en feroient aujourd'hui propriétaires s'il avoit voulu ; on a vu, dans le récit
des faits, qu'il y avoit eu fur cet objet une négociation entamée ; que le fieur Audinot, dans un Mémoire figné de lui,
s'étoit foumis de les vendre au prix qui feroit fixé par
M. le Lieutenant Général de Police ; que ce Magiftrat
équitable avoit fixé ce prix à 3000 livres pour chacune
des quinze années du bail des fieurs Gaillard & d'Orfeuille ;
ce qui faifoit 45,000 liv. pour le total ; mais que le fieur
Audinot avoit refufé de les céder à ce prix : on demande
après cela s'il n'eft pas très-heureux pour les fieurs Gaillard
& d'Orfeuille de n'avoir pas été obligés de traiter avec le
fieur Audinot relativement à fes Salles.

D

TROISIEME CHEF.

Le fieur Audinot demande que les fieurs Gaillard & d'Orfeuille foient condamnés à lui payer la fomme de 10,000 livres, pour l'indemnifer du tort que lui a fait la privation de fes Acteurs & Actrices pendant le temps qui reftoit à expirer des engagemens par eux pris avec lui.

Ces engagemens, dit le fieur Audinot, ne devoient finir qu'à Pâques de l'année 1785 ; mes Acteurs avoient contre moi la voie coactive, pour m'obliger à les payer & à les rétribuer jufqu'à cette époque : par un retour d'équité, rien ne pouvoit me priver de leurs talens & de leurs foins jufqu'à l'expiration de ce terme ; cependant les fieurs Gaillard & d'Orfeuille s'en font emparés.

Combien d'erreurs dans une feule objection !

1°. Dans le nouvel ordre des chofes, les Acteurs engagés par le fieur Audinot n'auroient pas eu d'action pour l'obliger à les employer & à les rétribuer, à partir de l'époque où il perdoit fon Spectacle ; car il auroit pu leur répondre avec fuccès, qu'il le perdoit en conféquence d'un ordre fupérieur, & qu'il ne pouvoit être garant d'un événement pareil.

La prétention des Acteurs, dans ce cas, auroit été d'autant plus déplacée, qu'il eft dit dans l'engagement par lui fait avec eux, que, dans le cas où fon Spectacle feroit interrompu par ordre fupérieur, leurs appointemens cefferont de courir. L'argument de la réciprocité porte par conféquent à faux.

2°. Le Gouvernement ayant voulu que *l'Ambigu Comique* fût adjugé à celui ou à ceux qui feroient l'offre la plus avantageufe pour l'Opéra , les Acteurs attachés à ce Spectacle devoient naturellement paffer avec lui aux Conceffionnaires, fous l'obligation de fatisfaire aux engagemens qui avoient été pris avec eux ; & voilà la raifon pour laquelle le bail porte, art. 3 , que les fieurs Gaillard & d'Orfeuille *exécuteront tous les marchés faits par les Entrepreneurs actuels de l'Ambigu Comique , avec les différens Sujets employés à ce Spectacle , jufqu'à la clôture annuelle & prochaine de ce Théatre.*

3°. Il feroit difficile cependant que les Acteurs obtinffent des fuccès , fi leur jeu n'étoit que le fruit de la contrainte ; & c'eft pour prévenir cet inconvénient, que, dans le mois de Décembre dernier , les fieurs Gaillard & d'Orfeuille , comme on la vu dans les faits, les firent affembler chez le Commiffaire Vanglenne, pour leur demander s'ils pafferoient fans répugnance fous une direction nouvelle : tous accepterent, à l'exception d'une Actrice. C'eft apparemment pour les en punir que le fieur Audinot, malgré le zele dont ils lui avoient donné des preuves dans la fameufe fcene des Adieux , leur a refufé un mois de leurs appointemens , qui leur étoit dû lorfqu'ils font paffés fous la direction des fieurs Gaillard & d'Orfeuille : mais ces derniers ont réparé fon injuftice & fatisfait à fa dette.

4°. Il eft étonnant que le fieur Audinot réclame une indemnité pour avoir été privé de fes Acteurs depuis le premier Janvier dernier jufqu'à Pâques fuivant : car quel ufage en auroit-il pu faire, & à quoi pouvoient lui fervir des Acteurs fans Spectacle ?

Mais, dit le fieur Audinot, plufieurs Directeurs de Théâtres de Province m'avoient écrit pour avoir ma Troupe ,

pendant le reſtant de la durée de ſon engagement, & ils m'a)
voient offert pour cet objet une ſomme de 15,000 livres.

Le ſieur Audinot trouvera bon qu'on ne le croie pas ſur
ſa parole ; au ſurplus, quand il rapporteroit la preuve de
ce qu'il avance, il n'auroit pu forcer ſes Acteurs à aller
jouer en Province ; car ils s'étoient engagés avec lui pour
Paris. Ils faiſoient d'ailleurs une des parties intégrantes du
Spectacle connu ſous le titre d'*Ambigu Comique* ; ils devoient par conſéquent paſſer ſous la direction des nouveaux
Conceſſionnaires de ce Spectacle, pour le temps qui reſtoit
à expirer de leur engagement ; & c'eſt ce qu'ils ont
fait.

Ainſi, & ſous tous les points de vue poſſibles, le ſieur
Audinot ne peut prétendre aucune indemnité à raiſon de
cet objet.

QUATRIEME CHEF.

Le ſieur Audinot demande qu'il ſoit fait défenſes aux
ſieurs Gaillard & d'Orfeuille de faire repréſenter ſur leurs
Théâtres aucunes Pieces faiſant ci-devant partie du Répertoire de l'Ambigu Comique, imprimées ou manuſ-
crites, ſans en avoir obtenu ſa permiſſion ; ainſi que de
faire jouer dans leur orcheſtre la muſique qu'il avoit fait
compoſer pour ſon Théâtre ; & pour l'avoir fait, qu'ils
ſoient condamnés en 50,000 livres de dommages &
intérêts.

Ce chef de concluſions ſuppoſe deux choſes ; la premiere, que les ſieurs Gaillard & d'Orfeuille font repréſenter ſur leur Théâtre de l'Ambigu Comique toutes les

Pieces , tant imprimées que manuscrites , qui appartenoient à ce Spectacle sous la direction du sieur Audinot ; la seconde , qu'ils font exécuter la musique qu'il avoit fait composer.

Cette seconde allégation est fausse ; la musique qui s'exécute à l'Ambigu Comique depuis le premier Janvier dernier , est celle qui dépendoit du Spectacle des Variétés avant qu'il fût transféré au Palais Royal ; & les morceaux adaptés aux Pieces à Spectacles & aux Ballets qu'ils donnent à l'Ambigu Comique , ont été composés par leurs ordres ; c'est même la raison pour laquelle , dans les premiers temps , ils n'ont pu donner des pieces de ce genre.

2°. Quant aux Comédies qu'on représente à l'Ambigu Comique depuis la même époque , il n'est pas vrai que les sieurs Gaillard & d'Orfeuille fassent représenter, tant les Pieces imprimées que celles non imprimées dont ce Spectacle étoit en possession sous la direction du sieur Audinot : on n'y joue que des Pieces qui étoient imprimées & répandues dans le Public auparavant sa dépossession.

Au surplus , est-il donc vrai que les sieurs Gaillard & d'Orfeuille n'aient pas le droit de faire jouer les pieces qui avoient été composées pour l'Ambigu Comique sous la direction du sieur Audinot ?

Ces pieces sont à moi , dit-il , puisque je les ai payées ; par conséquent nul ne peut avoir droit de les jouer sans mon aveu.

Ce raisonnement simple a fait une impression favorable au sieur Audinot , même sur de bons esprits , faute d'avoir su saisir au premier coup-d'œil la différence qui existe entre un marché qui n'intéresse que deux hommes , le Vendeur & l'Acheteur, & celui dans lequel, indépendamment des deux premiers, le Public eſt encore intéreſſé commé partie principale.

La déciſion dépend ici d'une queſtion qu'il faut réſoudre; & voici de quelle maniere cette queſtion doit être poſée.

Quelle eſt la nature du droit qu'acquiert un Directeur de Spectacle auquel un Auteur vend ſa piece pour être donnée au Public?

Pour bien réſoudre cette queſtion, il faut l'examiner ſous trois rapports différens :

1°. Relativement à l'Auteur qui vend ſa piece ;

2°. Relativement au Directeur qui l'achete ;

3°. Relativement au Public, pour lequel elle eſt achetée.

Quant à l'Auteur qui vend ſa piece, il ne faut pas croire que le prix qu'il en reçoit ſoit l'unique récompenſe qu'il ſe ſoit propoſée dans ſon travail, ſur-tout à l'égard des pieces vendues au ſieur Audinot, qui étoit en poſſeſſion de ne les payer qu'environ 200 liv. chaque. La récompenſe la plus précieuſe pour l'Auteur, ce ſont les applaudiſſemens qu'il eſpere obtenir lorſque ſa piece ſera repréſentée. Dans une carriere auſſi ingrate pour la fortune, il voit ou croit voir la célébrité qui l'attend ; & voilà ce qui l'enflamme.

Ainſi la vente eſt faite ſous deux conditions : la premiere, que l'Auteur recevra une ſomme quelconque ; la ſeconde, que ſa piece ſera donnée au Public. Dans nos grands Spectacles, ces deux conditions s'exécutent en même temps : la regle fixée par l'uſage aſſigne à l'Auteur une part proportionnelle du produit des repréſentations; de ſorte que quand la piece a du ſuccès, l'Auteur recueille en même temps les deux récompenſes, de la gloire & de l'argent.

Quant au Directeur qui achete la piece, il n'eſt autre
choſe que l'agent placé entre l'Auteur qui la vend &
le Public pour lequel elle eſt vendue. Ce Directeur ne peut
l'acheter que pour la donner au Public ſur ſon Théâtre;
car elle lui feroit inutile pour tout autre uſage, l'Auteur
communément ſe réſervant le droit de la faire imprimer.
C'eſt par conſéquent moins au Directeur qu'il la vend,
qu'au Spectacle dont il a la direction; ou plutôt le Spectacle eſt la perſonne morale avec laquelle il traite par l'en-
tremiſe du Directeur, ſon repréſentant. Il importe en effet
très-peu à l'Auteur que cette direction ſoit dans la main de
tel ou tel; il lui ſuffit de recevoir ſon prix, & que ſa piece
ſoit jouée comme elle doit l'être.

Il eſt aiſé de voir maintenant quelle eſt l'étendue du
droit qu'acquiert le Directeur. Il n'a que l'exercice de celui
qui appartient à ſon Spectacle; & le droit qui appartient
à ſon Spectacle, eſt celui de jouer la piece, excluſivement
à tous autres Spectacles, dans le lieu de ſon établiſſement;
parce qu'il n'en a payé le prix que pour s'aſſurer la totalité du
produit de la repréſentation, & que ce produit ſeroit par-
tagé, ſi la repréſentation pouvoit en être faite par différens
Spectacles. Mais ſi le Directeur eſt ſupprimé, & que le
Spectacle ſoit conſervé au contraire, alors le Spectacle ne
demeure pas moins propriétaire de la piece qu'il a acquiſe,
& le nouveau Directeur a le même droit que l'ancien, le
droit excluſif de faire repréſenter ſa piece ſur le Théâtre
dont il a la direction.

A l'égard du Public, quel que ſoit le changement qui
s'opere dans les perſonnes auxquelles la direction eſt confiée, il a un double droit pour exiger la repréſentation

de la piece ; 1°. parce que cette piece a été faite pour lui, vendue pour lui par l'Auteur, achetée pour lui par le Spectacle. Les principes des lois Romaines sur les engagemens contractés envers le Public, & qu'on appelle en Droit *pollicitations*, pourroient s'appliquer ici. 2°. Parce que, quand une piece a eu un certain nombre de repréſentations, le Public a une raiſon de plus pour la regarder comme un bien qui lui appartient. En effet, l'Auteur eſt payé ou a dû l'être. Dans nos grands Speĉacles, l'Auteur l'eſt, comme on l'a déjà obſervé, par la part proportionnelle qu'il reçoit ſur le produit des repréſentations de ſa piece, juſqu'à ce que ce produit tombe à un certain taux ; de ſorte que la rétribution de l'Auteur eſt plus ou moins conſidérable, ſuivant le plus ou moins de ſuccès de ſon Ouvrage. Dans les petits Speĉacles, le Direĉeur traite avec l'Auteur, à titre de forfait, pour une ſomme déterminée, quel que ſoit le bénéfice que donneront les repréſentations de la piece ; mais le payement, par cela même, s'impute naturellement ſur le produit des repréſentations. Or, ce produit, c'eſt le Public qui le fournit ; c'eſt par conſéquent des deniers du Public que l'Auteur eſt payé. Mais ſi c'eſt de ſes deniers que l'Auteur eſt payé, le Public a donc des droits inconteſtables à la piece. Cette vérité eſt même tellement conſacrée par l'uſage, qu'à nos grands Speĉacles, lorſqu'une piece nouvelle a eu un certain nombre de repréſentations, l'Auteur n'eſt plus le maître de la ſouſtraire au Public (1) ; & c'eſt par ſuite de cette propriété, que le Public eſt en poſſeſſion de demander à nos Speĉacles les pieces qu'il juge à propos qu'on lui donne, ſans que perſonne lui ait jamais conteſté ce droit.

(1) V. le Reglement fait pour la Comédie Italienne, art. 7 n°. 17.

Il

Il réfulte de là trois vérités importantes pour notre
difcuffion : la premiere, que les pieces dont le fieur Audinot
prétend avoir payé le prix, ont été faites pour être jouées
à l'Ambigu Comique ; la feconde, que le changement in-
tervenu dans la direction de ce Spectacle, ne doit point
empêcher les nouveaux Directeurs d'en donner des repré-
fentations ; la troifieme, que les Auteurs & le Public même
feroient en droit de les exiger.

C'eft ainfi, nous croyons pouvoir le dire, que les chofes
ont été vues par le Gouvernement, & c'eft d'après ces vues
que l'Académie Royale de Mufique & les fieurs Gaillard &
d'Orféuille ont traité. Le Gouvernement, en attribuant à
cette Académie le privilége de l'Ambigu Comique, n'a
point entendu lui attribuer un droit infructueux, mais utile :
or, de quelle utilité eût pu être à l'Opéra le privilége de
l'Ambigu Comique, fans les pieces qui forment le fonds de
ce Spectacle ? auroit-il pu raifonnablement exiger une rétribution auffi confidérable que celle de 30000 livres par an,
pour la conceffion du privilége, fi ce privilége n'avoit
exifté que dans le droit de préfenter au Public une infcrip-
tion portant ces mots : *Ambigu Comique*, fans avoir rien à
lui offrir pour fon amufement ? Les fieurs Gaillard & d'Orfeuille auroient-ils été affez infenfés pour fe foumettre au
payement d'une fomme auffi confidérable ; les auroit-on
enfin affujettis par leur bail à tenir les engagemens faits par
le fieur Audinot avec fes Acteurs, s'il ne devoit refter aucunes pieces à ce Spectacle qu'ils puffent faire repréfenter ?

Ajoutons que fi les fieurs Gaillard & d'Orfeuille ne
pouvoient jouer des Pieces achetées par le fieur Audinot,
fans lui en avoir reftitué le prix, il s'enfuivroit qu'après

E

leurs quinze années de jouiſſance, ils auroient le droit d'empêcher leurs ſucceſſeurs, non ſeulement de jouer ces Pieces
anciennes; mais même toutes celles qui ſeroient compoſées pour l'Ambigu Comique pendant le cours de ces
quinze années; à moins qu'on ne leur reſtituât tout ce
qu'ils auroient dépenſé à cet égard, ſoit en entrant en
jouiſſance, ſoit pendant le cours de cette jouiſſance : &
alors qui voudroit leur ſuccéder, à la charge d'acquitter
un fonds devenu auſſi conſidérable avec le temps ? Les
reſſources que le Miniſtere a voulu ménager à l'Académie
Royale de Muſique ſur le produit de ce Spectacle, lui échap-
peroient néceſſairement, & elle ſeroit elle-même par la
ſuite obligée de ſoudoyer les conceſſionnaires de ſon privilége, au lieu d'en tirer de l'émolument.

Le ſieur Audinot inſiſte cependant, & cite des exemples qu'il croit propres à juſtifier ſon ſyſtême. Lorſque
l'Opéra Comique, dit-il, fut réuni à la Comédie Italienne,
& qu'elle ceſſa de jouer les Pieces Françoiſes compoſées
pour elle, pour s'en tenir aux farces Italiennes & aux
Opéra Comiques, le Théatre François réclama les Pieces
Françoiſes, & ne put les obtenir; par conſéquent, conti-
nue-t-il, les nouveaux Directeurs de l'Ambigu Comique
n'ont pu s'emparer des Pieces que j'ai fait compoſer pour
ce Spectacle.

La différence eſt grande : le ſieur Audinot n'eſt plus
aujourd'hui Directeur de l'Ambigu Comique; mais le Spectacle n'en exiſte pas moins avec le fonds qui lui eſt propre.
La Comédie Italienne, au contraire, en adoptant l'Opéra
Comique, ſubſiſtoit toujours ſous le même titre; elle con-
tinuoit de s'adminiſtrer par elle-même; elle a donc dû con-

ferver toutes les Pieces compofées pour fon Théâtre. S'il
lui étoit difficile de réunir trois genres à la fois, les farces
Italiennes, les Pieces Françoifes, & l'Opéra Comique; fi,
en adoptant l'Opéra Comique, elle a confervé d'abord les
farces Italiennes, elle ne s'étoit point interdit le droit de
fubftituer par la fuite aux farces Italiennes les Pieces Françoifes; & c'eft effectivement ce qui eft arrivé.

Mais, ajoute le fieur Audinot, lorfque l'Opéra Comique
fut réuni à la Comédie Italienne, elle ne put fe difpenfer
d'affurer au fieur Corbi, alors Directeur de l'Opéra Comique, pour le prix de fon Répertoire, une penfion de 8000
livres, réverfible fur la tête de fa femme: comment donc
arrive-t-il que je fois dépouillé de mon Spectacle fans indemnité ni penfion?

Il fe trouve encore ici une différence remarquable que
le fieur Audinot ne veut pas appercevoir. Le fieur Corbi
avoit le privilége de l'Opéra Comique pour plufieurs années; le fieur Audinot tenoit l'Ambigu Comique en vertu
d'une fimple permiffion du Magiftrat, qui n'étoit qu'annale.
Le fieur Corbi, dont la jouiffance s'étendoit fur un temps
plus confidérable, avoit eu le droit de fpéculer fur l'ave-
nir, & de faire des dépenfes plus ou moins confidérables
pour fon Spectacle, dans l'efpérance de retirer par la fuite
un plus gros produit; le fieur Audinot, au contraire, ref-
ferré dans une poffeffion annale, & qui pouvoit n'être
point renouvelée, devoit régir par chaque année, de maniere que, déduction faite de fes dépenfes, il lui reftât du
bénéfice. Ainfi, le fieur Corbi étoit beaucoup plus favorable que le fieur Audinot; il étoit jufte que la Comédie Italienne, en l'interrompant dans fa jouiffance, lui fît une

penſion à titre d'indemnité, ſans pouvoir en conclureque le ſieur Audinot eût le droit d'en exiger une.

Le ſieur Audinot au ſurplus ſe trouve dans une poſition qui n'a rien de commun avec tous les exemples qu'il peut invoquer.

De deux choſes l'une, ou il déſiroit ſe conſerver ſon Spectacle, & alors il falloit qu'il fît, comme le ſieur Nicolet, une offre à l'Opéra qui fût capable de le déſintéreſſer; ou il conſentoit, au contraire, d'abandonner ſon Spectacle & tout ce qui lui étoit relatif, avec le déſir d'une penſion ſur la rétribution qu'en devoit tirer l'Opéra: alors il falloit qu'il la ſollicitât, s'il croyoit être en droit d'y prétendre; les ſieurs Gaillard & d'Orfeuille n'auroient eu aucun intérêt de s'oppoſer au ſuccès de ſes ſollicitations.

Mais malheureuſement pour lui le ſieur Audinot a fait tout ce qu'il ne falloit pas faire, & n'a rien fait de ce qu'il falloit; il n'a point voulu montrer le déſir de conſerver ſon Spectacle, pour ſe diſpenſer de faire une offre raiſonnable; il n'a point non plus voulu traiter de ſes Salles, de ſes habits & décorations avec les ſieurs Gaillard & d'Orfeuille, parce qu'il a cru qu'il leur ſeroit impoſſible de s'en paſſer, qu'il les feroit ainſi manquer à leurs engagemens, en leur laiſſant la charge accablante d'une dette annuelle de 30000 livres, & qu'il conſerveroit lui-même l'Ambigu Comique à des conditions infiniment plus douces.

Si un plan auſſi profondément combiné par le ſieur Audinot a échoué tout à coup par un événement qu'il n'avoit pas prévu, il doit ſans doute avoir beaucoup d'humeur contre lui-même; mais il ne doit pas s'en permettre contre les ſieurs Gaillard & d'Orfeuille, qui ont dû profiter de cet événement, pour échapper à la ruine dont il les menaçoit.

Cependant c'est uniquement à cette humeur qu'il faut attribuer la déclamation du fieur Audinot & l'efpece de libelle qu'il a répandu dans le Public, pour l'indifpofer contre les fieurs Gaillard & d'Orfeuille. Le fieur Audinot fent parfaitement qu'aucune de fes prétentions n'eft fondée; mais en fatiguant fes Adverfaires, il fe foulage; en les décriant, il efpere leur nuire; & cette efpérance eft une douceur pour fon cœur ulcéré.

Les fieurs Gaillard & d'Orfeuille fe flattent au contraire que ces impreffions défavorables ne fubfifteront pas; que, d'après l'expofé de leur défenfe, leurs Juges feront convaincus de la bonté de leur caufe; comme le Public le fera de leur zele à remplir la tâche qui leur eft confiée, & des efforts qu'ils ne cefferont de faire pour mériter fes fuffrages. *Signés*, GAILLARD & D'ORFEUILLE.

CONSULTATION.

LE CONSEIL fouffigné qui a pris lecture du Mémoire des fieurs Gaillard & d'Orfeuille, eft d'avis qu'aucune des prétentions élevées contre eux par le fieur Audinot, n'eft fondée :

1°. Parce que le fieur Audinot étoit le maître de conferver fon Spectacle, en faifant à l'Opéra des offres capables de le défintéreffer; n'ayant pas jugé à propos de les faire, fon éviction eft devenue néceffaire, en vertu de l'Arrêt du Confeil donné en commandement. L'Académie Royale de Mufique n'étant tenue à cet égard d'aucune indemnité envers lui, n'a pas dû charger, & n'a effectivement pas chargé les fieurs Gaillard & d'Orfeuille de l'indemnifer.

2°. Le fieur Audinot ne peut non plus obliger les fieurs Gaillard & d'Orfeuille à prendre fes Salles du Boulevart & des deux Foires, & à lui en payer le prix à dire d'Experts, foit parce que, par leur traité avec l'Opéra, ils n'ont point contracté l'obligation de les prendre; foit parce que l'Opéra a même ftipulé en leur faveur une faculté contraire; foit enfin parce qu'ils n'en ont nul befoin, au moyen de l'établiffement des Variétés Amufantes au Palais Royal.

3°. Le fieur Audinot, évincé de fon Spectacle en vertu de l'Arrêt du Confeil, à partir du premier Janvier dernier, étoit déchargé de droit, à cette époque, des engagemens par lui contractés envers fes Acteurs, pour le temps qui en reftoit à expirer : ces derniers par conféquent ont ceffé d'être liés vis-à-vis de lui; ils ont donc pu paffer fous la direction des fieurs Gaillard & d'Orfeuille, avec le Spectacle auquel ils étoient attachés : auffi le bail fait aux fieurs Gaillard & d'Orfeuille leur impofe-t-il l'obligation d'exécuter le marché fait par le fieur Audinot avec fes Acteurs.

4°. Quant aux Pieces formant le fonds du Spectacle de l'Ambigu Comique, fi ces Pieces ont été achetées par le fieur Audinot, elles lui ont été vendues pour être données au Public : il les a achetées pour le Public; elles ont été payées des deniers du Public : le Public en eft par conféquent le véritable propriétaire; le droit de les lui représenter appartient essentiellement aux Directeurs qui ont acquis le privilége de ce Spectacle. Il seroit absurde de prétendre en effet qu'ils auroient acquis, moyennant 30,000 l. payables par chacun an, la faculté d'ouvrir une Salle au Public sans aucun fonds qui en dépendît, & sans avoir rien à lui offrir pour son amusement.

Délibéré à Paris, ce 10 Mai 1785, VERMEIL, CHANLAIRE.

A Paris, de l'Imprimerie de DEMONVILLE, rue Christine. 1785.